pixi WISSEN

Was Tiere können

Einfach gut erklärt von Christine Stahr,
mit Bildern von Julie Sodré

CARLSEN

In die Wiege gelegt?

Manche Tierarten errichten riesige Bauwerke, andere überlisten ihre Beute, sie arbeiten zusammen, täuschen ihre Feinde oder schützen ihre Jungen mit verblüffenden Methoden. Auf welche Weise der Vogel ein Nest baut oder wie der Rehbock eine Partnerin findet, ist angeboren. Die Tiere müssen es nicht lernen. **Angeborenes Verhalten** nennen wir auch **Instinktverhalten**.

Alle **Rotkehlchen** bauen ihr Nest vor allem mit Laub, Moos, Stängeln, Grashalmen und feinen Wurzeln.

Nur eine bestimmte Gruppe von **Rotgesichtsmakaken** kann angeln – das Angeln ist also kein angeborenes Verhalten.

Manche Verhaltensweisen sind nicht angeboren. Das Katzenjunge lernt von der Mutter, wie es Mäuse fängt. Es **ahmt ihr Verhalten nach**. Viele Tiere probieren **im Spiel** Verhaltensweisen aus, die sie später gut gebrauchen können. Rotgesichtsmakaken haben zum Beispiel **gelernt**, Garnelen zu angeln: Die Affen halten ihren pelzigen Arm ins Wasser und warten ab, bis ein Krebs hinaufkrabbelt. Lernen ist wichtig. Die angelnden Rotgesichtsmakaken werden in ihrem Revier mehr Beute finden als ein Artgenosse, der das nicht kann.

Wie sie sich am besten an ein Beutetier heranpirschen, probieren die **Katzenjungen** im Spiel aus.

Gemeinsam stark

In der Gruppe können **Afrikanische Wildhunde** ein großes **Gnu** erbeuten.

Viele Tiere schließen sich mit Artgenossen zusammen. Sie schützen sich gegenseitig und sie gehen zusammen auf die Jagd.

Präriehunde leben in Nordamerika. Bei Gefahr warnen sie einander. Wenn die Wachen eine Art Bellen ausstoßen, verschwinden alle Präriehunde blitzschnell im Bau.

Buckelwale kreisen einen Fischschwarm ein. Dann stoßen sie Luftblasen aus. Die Fische fliehen in die Mitte des Kreises. Die Wale öffnen ihr Maul und schwimmen in den Schwarm hinein.

Amerikanische **Vampirfledermäuse** teilen ihre Beute. Die erfolgreichen Jäger erkennen am Geruch, wer aus der Gruppe noch nichts gefressen hat. Will eine Fledermaus nicht teilen, gibt ihr auch keiner mehr etwas ab und sie wird sterben.

Schon gewusst?

Gnus rücken bei Gefahr in einem Kreis zusammen. Warum stehen die Kälber in der Mitte?

a) In der Mitte sind die Jungtiere gut geschützt.
b) Weil sie da am besten spielen können
c) Weil sie im Kreis zu stark rumzappeln

Lösung: a)

Geduckt schleichen sich **Löwinnen** an eine Büffelherde an und kreisen sie ein. Dann zeigen sich einige von ihnen. Fliehen die Büffel, laufen sie direkt auf die versteckten Raubtiere zu.

Trickreich gejagt

Einige Raubtiere sind zu langsam für Verfolgungsjagden. Sie schleichen sich an und versuchen, die Beute zu überraschen. Manche Tierarten gehen aber auch mit List auf Jagd.

Die **Katze** pirscht sich lautlos an. Wenn sich die Maus umschaut, bleibt die Katze wie erstarrt stehen. So bemerkt die Maus sie nicht. Wendet sich die Maus wieder ab, geht die Jagd weiter.

Der **Waran** lebt in warmen Ländern wie Indonesien. Ruhig liegt er in der Sonne. Der Makak ist neugierig und streckt den Arm nach dem seltsamen Hügel aus. Darauf hat der Waran gewartet: Blitzschnell packt er zu.

Das Spinnennetz der **Schwarzen Witwe** besteht aus nahezu unsichtbaren Fäden klebriger Spinnenseide. Fliegt ein Insekt ins Netz, verheddert es sich darin. Ein öliger Überzug an den Beinen und Füßen der Spinne verhindert, dass sie selbst an den Fäden kleben bleibt.

Die **Geierschildkröte** ist in den USA zu Hause. Auf Beutefang gräbt sie sich in den Schlamm ein und wartet mit aufgerissenem Maul regungslos ab. Nur mit dem rötlichen Stück am Ende ihrer Zunge wackelt sie hin und her. Fische halten den Fortsatz für ein Würmchen und schwimmen der Schildkröte direkt in den Schlund.

Die **Falltürspinne** gräbt mit ihren Beinen und Kieferklauen eine Wohnröhre. Mit ihren klebrigen Seidenfäden befestigt sie eine Tür aus Erdklümpchen und Seide am Eingang. Davor spannt sie Fäden. Nachts lauert sie bei halbgeschlossener Tür in der Wohnröhre auf Beute. Verraten Erschütterungen des Bodens oder das Zittern der Signalfäden, dass sich ein Insekt nähert, schießt die Falltürspinne heraus und zerrt die Beute in die Höhle.

Grünreiher können angeln. Die in Mittelamerika und der Karibik lebenden Vögel lassen ein Insekt ins Wasser fallen und warten ab. Kommt ein Fisch, um sich das Insekt zu schnappen, packen sie ihn blitzschnell mit dem Schnabel.

Hermeline gibt es auch in Europa. Sie springen um das Beutetier herum und schnappen nach ihrem eigenen Schwanz. Das Opfer beobachtet dieses seltsame Treiben und bemerkt gar nicht, wie sich der Tänzer nähert. Ist das Hermelin nah genug, greift es die Beute an.

Auf und davon

Manche Tierarten sind schnell und ausdauernd, andere können sich gut verstecken oder sie verstellen sich und täuschen so den Feind.

Der **Blauring-Krake** lebt im Südpazifik. Bei Gefahr flieht er blitzschnell: Durch eine kleine Öffnung in seinem Körper presst er Wasser hinaus. Wie ein praller Ballon, dessen Knoten geöffnet wird, schießt er dadurch nach vorn. Dann saugt der Krake neues Wasser in den Körper und presst es wieder hinaus. Er kann auch eine dunkle Flüssigkeit ins Wasser spritzen, die seinem Verfolger die Sicht nimmt.

Sandaale vergraben sich bei Gefahr im Sand. Zum Graben benutzen sie ihren langen Unterkiefer.

Wird der in Mittelamerika lebende **Stirnlappen-Basilisk** gejagt, rennt er zum Wasser. Mit seinen breiten Fußsohlen und den schuppigen Fransen an den Zehen flitzt er über die Wasseroberfläche.

Bei Gefahr stellt sich die **Ringelnatter** tot. Dem Angreifer vergeht der Appetit und er verzieht sich.

Wenn die australische **Kragenechse** ihren großen Hautlappen am Hals spreizt, sieht sie viel größer und gefährlicher aus, als sie ist. Das schreckt Feinde ab.

Gut getarnt

Das Wandelnde Blatt ist ein Insekt.

Manche Tiere sind kaum von ihrer Umgebung zu unterscheiden und darum fast unsichtbar. Diese Form der Tarnung heißt **Mimese**. Andere sehen einem gefährlichen Tier zum Verwechseln ähnlich und schrecken dadurch Feinde ab. Das wird **Mimikry** genannt.

Die **Gespensterkrabbe** tarnt sich mit Algen und kleinen Tieren der Umgebung.

Der **Tintenfisch** ist ein Verwandlungskünstler: Die Farbe und die Oberfläche seiner Haut passen sich dem Meeresboden an. Schwimmt er über Felsen, wird die Haut rau, schwimmt er über Sand, wird sie glatt.

Die beiden Kreise auf den Hinterflügeln des **Tagpfauenauges** ähneln den Augen einer Katze. Ein hungriger Vogel schreckt zurück, weil er meint, seinen Feind vor sich zu haben. Der Schmetterling hat Zeit davonzuflattern.

Schon gewusst?

Wieso ist ein Zebra in der Herde gut getarnt?

a) Weil sich der Angreifer bei so vielen Beutetieren nicht entscheiden kann
b) Weil der Angreifer das einzelne Zebra vor lauter Streifen nicht mehr erkennt
c) Weil der Angreifer die Tiere für Zebrastreifen hält

(Lösung: b)

Erstaunliche Bauten

An Land, unter Wasser oder in der Luft – manche Tierarten errichten verblüffende Bauwerke.

Um ihr Nest zu bauen, schaben Wespen mit den Mundwerkzeugen Holz ab und zerkauen es zu Papierbrei. Den Brei kleben sie in feinen Streifen zu Waben aneinander. Aus vielen Waben entsteht das Nest. **Waldwespen** bauen drei bis sechs Wabenstockwerke und umhüllen sie mehrere Male mit Papier.

Die **Wasserspinne** presst Seide aus kleinen Organen am Hinterleib. Mit den Fäden webt sie einen Bau, den sie an Wasserpflanzen befestigt. Damit sie unter Wasser atmen kann, sammelt sie Luftbläschen: Sie streckt ihr behaartes Hinterteil aus dem Wasser, zieht es zurück und bringt die Luftbläschen, die an ihr hängen bleiben, in den Bau.

Der **Nordamerikanische Biber** baut sich eine Wasserburg. Dafür häuft er Äste, Zweige und Rindenstücke auf, bis der Bau zwei bis drei Meter über die Oberfläche des Wassers ragt. Die Eingänge hat der Nager tief im Wasser angelegt. So kann er im Winter unter der Eisfläche gefahrlos zu seinen Futtervorräten schwimmen. Luchse, die sich über den vereisten See heranpirschen, finden keinen Eingang. Zerstören können sie die Burg auch nicht, denn der Biber hat im Herbst die Wände mit Schlamm bestrichen, und der ist inzwischen zu einem steinharten Schutzpanzer gefroren.

Der australische **Seidenlaubenvogel** will mit seiner schönen Laube Weibchen anlocken. Er schmückt die Laube mit blauen Gegenständen, zum Beispiel mit Federn und Blüten. Wenn er fertig ist, nimmt er einen Pflanzenbüschel in den Schnabel und färbt die Laube mit einem Brei aus Blaubeeren und bläulich schimmernder Holzkohle.

Termiten errichten im Vergleich zu ihrer Körpergröße die größten Bauwerke der Welt. Afrikanische **Riesentermiten** werden etwa zwei Zentimeter groß, ihre Baue aber sind so hoch wie eine Giraffe.

Termite

Schon gewusst?

Womit graben die afrikanischen Nacktmulle ihre riesigen unterirdischen Tunnelbauten?

a) Mit ihren großen Schneidezähnen

b) Mit einer Schaufel

c) Mit Sprengstoff

Lösung: a)

Für den Bau brauchen die Insekten 10 bis 50 Jahre. Als Baumaterial verwenden sie Erde, zerkaute Pflanzen und ihren Kot.

Ganz schön clever!

In Eis und Schnee, bei Trockenheit oder in einer Umgebung, in der viele Menschen wohnen, ist das Überleben für Tiere oft nicht einfach. Neue Möglichkeiten zu entdecken und zu lernen ist hier besonders wichtig.

Der **Nordamerikanische Waschbär** hat gelernt, den Lebensraum des Menschen für sich zu nutzen: Er durchwühlt Mülltonnen nach Essbarem und wirft Gläser auf den Boden, damit er den Inhalt fressen kann.

Im Winter, wenn es im Norden Kanadas sehr kalt wird, frisst der männliche **Kojote** das tiefgefrorene Fleisch von toten Tieren. Danach kehrt er zu seiner Partnerin zurück, würgt den inzwischen warmen Fleischbrei hervor und teilt ihn mit ihr.

Neukaledonische Geradschnabelkrähen sind sehr klug. Mit Zweigen stochern sie Maden aus morschen Baumstämmen heraus. Forscher haben beobachtet, wie die Vögel sogar ein kurzes Stäbchen dazu verwendet haben, um an ein längeres zu gelangen, mit dem sie dann an ihre Beute herankommen.

Der **Amerikanische Kiefernhäher** hat ein gutes Gedächtnis: Im Herbst vergräbt er Kiefernsamen an Tausenden Stellen im Boden. Im Winter findet er alle seine Verstecke wieder und hat so genügend Futter.

Kinder, Kinder

Manche Tiere schützen und versorgen ihre Jungen, bis sie groß sind. Andere sorgen für gute Bedingungen zu Beginn des Lebens.

Die **Sandwespe** lähmt Raupen mit einem Stich und bringt sie in ihr Nest aus Lehmkügelchen. Dann legt sie ihre Eier dazu. So hat die Wespenlarve nach dem Schlüpfen sofort genug zu fressen.

Der europäische **Bläuling** entwickelt sich aus einer Raupe. Weil die Raupe wie die Larve einer Ameise riecht, tragen Ameisen die Raupe in ihr Nest und füttern sie. Ist die Raupe groß genug, kriecht sie zum Ausgang des Nests und entwickelt sich dort zum Schmetterling.

Aus der Puppe schlüpft der Schmetterling.

Krähen und Elstern fressen die Jungen von **Wacholderdrosseln**. Die Vogeleltern bespritzen die Feinde mit Kot, um sie zu vertreiben.

Bei den **Brunnenbauern** sammelt das Männchen den Laich vom Meeresboden auf und behält ihn etwa eine Woche im Maul, bis die Jungen schlüpfen. In dieser Zeit schützt es die Eier und umspült sie mit frischem Wasser, damit sie genug Sauerstoff bekommen.

Krokodilweibchen legen ihre Eier am Flussufer ab. Dann warten sie fast drei Monate auf das Schlüpfen. Beim ersten Quieken gräbt die Mutter die Jungen aus und trägt sie im Maul zum Fluss.

Bunte Tierwelt

Riesenlurch

Die ersten Lebewesen entwickelten sich vor mehreren Hundertmillionen Jahren im Wasser. **Quallen** und **Weichtiere** schwammen durch die Ozeane. Schließlich wuchsen an den Stränden der Landmassen erste Pflanzen. Um sie zu fressen, kamen zum ersten Mal Tiere an Land. Aus ihren Nachkommen entwickelten sich die ersten Landtiere. Im Laufe der Zeit haben sich Tiere immer wieder an neue Lebensräume angepasst. Dabei sind die unterschiedlichsten Tierarten entstanden.

Das **Pantherchamäleon** ist ein Reptil, das auf Bäumen lebt. Mit seinen Greiffüßen kann es Äste umklammern und auch der Greifschwanz gibt ihm Halt. Beides sind Anpassungen an seine Lebensweise. Die Veränderung von Lebewesen im Lauf von vielen Jahrtausenden wird **Evolution** genannt.

Der **Große Panda** ist vom Aussterben bedroht, weil viel von den Bergwäldern, in denen er lebt, abgeholzt wurde.

Schütz die Tiere

Viele Tiere sind **vom Aussterben bedroht**, weil der Mensch ihren **Lebensraum** zerstört. Er fällt zum Beispiel Bäume, um daraus Möbel und Papier herzustellen. Verschiedene Organisationen setzen sich für den Schutz von Tieren ein. Du kannst dort Mitglied werden, wenn du mithelfen willst.

Pixi Wissen Rätselseite

1. Tiere haben tolle Tricks auf Lager, aber sie können nicht alles – welche Tricks stimmen nicht?

2. Womit fangen diese Tiere ihre Beute? Ordne richtig zu.

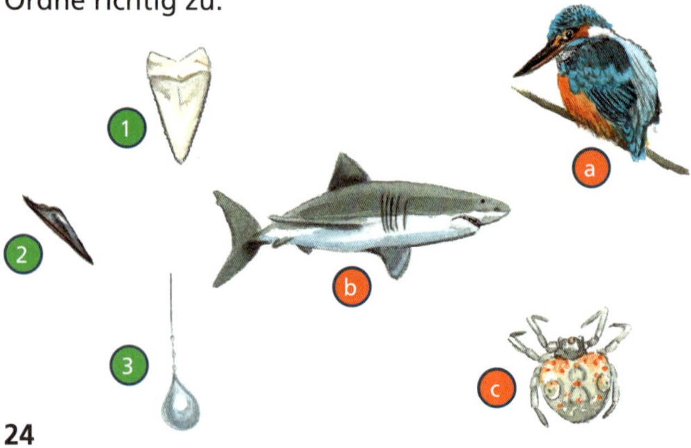

3. Womit jagt die amerikanische Mokassinotter? Wenn du alle Zahlen miteinander verbindest, kannst du es dir denken.

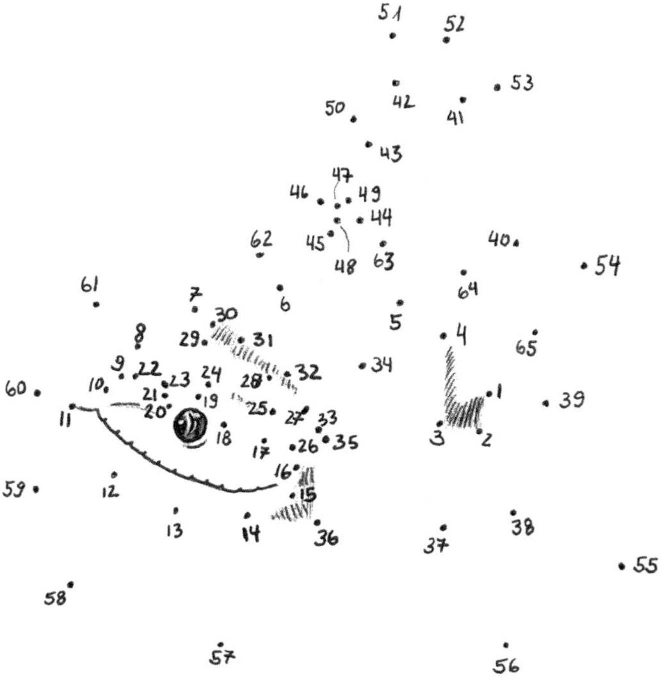

Lösungen: 1. A, D; 2. 1b,2a, 3c

3. Die Mokassinotter lässt ihren Schwanz wie eine Angel hin- und herzucken. Das Beutetier wird angelockt und die Schlange kann es erlegen.

Pixi Wissen Lexikon

Kopffüßer Diese Tiergruppe gehört zu der größeren Gruppe der Weichtiere. Alle Kopffüßer leben im Meer. Die schnellen und intelligenten Jäger haben Arme mit Saugnäpfen. Tintenfische sind Kopffüßer.

Larve Manche Tiere sehen nach dem Schlüpfen aus dem Ei anders aus und leben auch anders als das erwachsene Tier. Nach dem Schlüpfen werden die Tiere Larven genannt. Die Raupe ist eine Larve, der Schmetterling ist das erwachsene Tier.

Metamorphose Die Verwandlung bei Tieren, die als Erwachsene anders aussehen und anders leben als nach dem Schlüpfen, heißt Metamorphose.

Puppe Die Verwandlung von der Larve zum erwachsenen Tier passiert bei Insekten in einer Puppe. Die Larve spinnt sich in eine Hülle aus Seide ein. In dieser schützenden Puppe entwickelt sie sich zum erwachsenen Insekt.

Reptil Reptilien sind eine große Tiergruppe. Die meisten Tierarten dieser Gruppe haben eine schuppige Haut und legen Eier.

Rudel Wölfe, Wildhunde und andere Tiere leben in kleinen Gruppen aus fünf bis zehn Tieren. Diese Gruppen werden Rudel genannt. In jedem Rudel gibt es einen Anführer, meist sind das die Eltern.

Strategie Wenn Tiere oder Menschen ein Ziel mit bestimmten Mitteln verfolgen, haben sie eine Strategie. Die Jagd-Strategie der Katze ist es, sich an die Beute anzuschleichen.

Tierart Die Tiere mit den meisten Gemeinsamkeiten in ihrem Aussehen und ihrem Verhalten werden zu einer Gruppe zusammengefasst, die man Tierart nennt. Tiere einer Art pflanzen sich miteinander fort.

Weichtiere 90 000 Tierarten gehören zu dieser großen Tiergruppe. Weichtiere haben kein Skelett, die meisten haben eine Schale, die sie vor Angriffen schützt. Muscheln, Schnecken und Tintenfische sind Weichtiere.

Pixi Wissen Quiz

1. Wovon ernährt sich der Biber im Winter?

a) Von Zweigen und Ästen, die er unter der Eisschicht des Sees aufbewahrt
b) Von Luft und Liebe
c) Von Wölfen, Kojoten und Luchsen

2. Wie halten manche Arten der Falltürspinne einen Feind davon ab, in ihren Bau einzudringen?

a) Sie singen schrecklich schief.
b) Sie erklären ihm, dass sie allein sein möchten.
c) Sie halten die Tür von innen zu.

3. Wie lang braucht der Biber, um einen Baum zu fällen?

a) Rund 10 Minuten
b) Sein ganzes Leben
c) Einmal durchbeißen und fertig

4. Sobald sich dem Anglerfisch ein Beutetier nähert, öffnet er sein Maul und saugt die Beute mit dem Wasser ein. Wie lange braucht er dafür?

a) 0,006 Sekunden
b) Kommt auf das Beutetier an
c) Das hängt davon ab, wie müde er ist.

5. Das Winterfell des Polarfuchses ist weiß, sein Sommerfell ist grau-braun – welchen Vorteil hat der Fuchs dadurch?

a) Er sieht immer schick aus.
b) So ist er im Sommer und im Winter bei Schnee gut getarnt.
c) Ihm wird nicht so schnell langweilig.

6. Warum kann sich der Igel aus sieben Metern Höhe fallen lassen, ohne sich zu verletzen?

a) Weil er fliegen kann
b) Weil seine Stacheln den Sturz abfedern
c) Weil er unten von anderen Igeln aufgefangen wird

7. Wie schützen sich Seeigel?

a) Sie schießen ihre Stacheln wie Pfeile in Richtung des Angreifers.
b) Sie rollen wie der Blitz davon.
c) Mit ihren Röhrenfüßchen halten sie kleine Steine, Muschelstücke oder Algen an ihre Stacheln, um sich zu tarnen.

Pixi Wissen präsentiert

Bd. 1
Pferde und Ponys
ISBN 978-3-551-24051-4

Bd. 2
Piraten
ISBN 978-3-551-24052-1

Bd. 4
Ballett
ISBN 978-3-551-24054-5

Bd. 10
Planeten und Sterne
ISBN 978-3-551-24060-6

Bd. 11
Das Meer
ISBN 978-3-551-24061-3

Bd. 13
Ritter
ISBN 978-3-551-24061-3

Bd. 21
Dinosaurier
ISBN 978-3-551-24071-2

Bd. 23
Fußball
ISBN 978-3-551-24073-6

Bd. 24
Streiten und Vertragen
ISBN 978-3-551-24074-3

Bd. 33
Strand und Watt
ISBN 978-3-551-24083-5

Bd. 35
Toleranz und Respekt
ISBN 978-3-551-224085-9

Bd. 49
Die Jahreszeiten
ISBN 978-3-551-24099-6

Bd. 69
Tiere im Wasser
ISBN 978-3-551-24119-1

Bd. 70
In den Bergen
ISBN 978-3-551-24120-7

Bd. 71
Energie und Straom
ISBN 978-3-551-24121-4

Bd. 73
Das alte Ägypten
ISBN 978-3-551-24123-8

Bd. 74 Dinosaurier
und Urzeittiere
ISBN 978-3-551-24124-5

Bd. 76
Schiffe
ISBN 978-3-551-2412-9

Das Lexikon für die Hosentasche!

500 Begriffe von A-Z

Pixi Wissen – Das Lexikon | 240 Seiten | Flexcover, vierfarbig

ISBN 978-3-551-25001-8

CARLSEN

www.pixi.de

pixi WISSEN